explora!

Phädrus
Fabeln – Tierische Weisheiten

C.C. Buchner Verlag • Bamberg

explora!

Herausgegeben von Thomas Doepner, Marina Keip und Antje Sucharski

Heft 5 Phädrus, Fabeln - Tierische Weisheiten
wurde bearbeitet von Godehard Hesse, Marina Keip, Britta Laumen und Florian Sauer

Zu dieser Lektüre sind erhältlich:

- Digitales Lehrermaterial **click & teach** Einzellizenz, Bestell-Nr. 432151

Bildnachweis
dpa Picture-Alliance / akg-images, Tristan Lafranchis – S. 27; Fotolia / danielschoenen – S. 15; - / LisaKolbasa – Cover; Getty Images Plus / iStockphoto, fotomarekka – S. 23; - / iStockphoto, Graficaprint – S. 13 (3); - / iStockphoto, Volodymyr Kucherenko – S. 15; - / iStockphoto, Kyslynskyy – S. 23; - / iStockphoto, Nlink – S. 4; - / iStockphoto, Olena Poliakevych – S. 20; - / iStockphoto, Valeria Vechterova – S. 22; - / iStockphoto, Lisa Vlasenko – S. 11; iStockphoto / druvo – S. 11; Peter Janka, Plauen – S. 28; Mauritius Images / Alamy Stock Photo, AF Fotografie – S. 5; - / Alamy Stock Photo, www.BibleLandPictures.com – S. 9; Unsplash / Hannah Busing – S. 14; - / Thomas Griesbeck – S. 14; - / Patrick Hendry – S. 14; www.wikimedia.org / Fer.filol – S. 4.

Sammelfolie „Qualitates Animalium"
Fotolia / danielschoenen; Getty Images Plus / iStockphoto, alberto clemares expósito; - / iStockphoto, bazilfoto; - / iStockphoto, fotomarekka; - / iStockphoto, Gelpi; - / iStockphoto, GlobalP (2); - / iStockphoto, JackF; - / iStockphoto, nicota; - / iStockphoto, yayayoyo (8); Holger Saiko, Bochum.

1. Auflage, 2. Druck 2024
Alle Drucke dieser Auflage sind, weil untereinander unverändert, nebeneinander benutzbar. Dieses Werk folgt der reformierten Rechtschreibung und Zeichensetzung. Ausnahmen bilden Texte, bei denen künstlerische, philologische oder lizenzrechtliche Gründe einer Änderung entgegenstehen.

BAMBERGER WORTSCHATZ

Redaktion: Katrin Brogl
Illustrationen: Xenia Stauch
Layout und Satz: ideen.manufaktur | bochum
Umschlaggestaltung: tiff.any GmbH
Druck und Bindung: Brüder Glöckler GmbH, Wöllersdorf

www.ccbuchner.de

ISBN 978-3-661-43205-2

Inhaltsverzeichnis

Salve, care lector,

du hast die Lehrbuchphase erfolgreich abgeschlossen und beginnst nun endlich mit lateinischen Originaltexten! Dieses Arbeitsheft möchte dir das Erschließen, Übersetzen und Interpretieren erleichtern. Aber, so wirst du dich vielleicht fragen, sind Fabeln, Geschichten mit Moral und womöglich erhobenem Zeigefinger, für Jugendliche lesenswert und aktuell?

Wir denken: Ja. Die „Helden" aus Phädrus` Tiererzählungen sind Stereotypen mit ganz unverwechselbaren Charaktereigenschaften. Mit ihrem Handeln vermitteln die Protagonisten auf lustige, unterhaltsame, belehrende und nachdenkliche Art zeitlose Lebensweisheiten. Vielleicht erkennst du dich sogar in einigen Geschichten selbst wieder! Weil sie über viele Jahrhunderte weitererzählt wurden, bieten sie eine wunderbare Vorlage, selbst rezeptiv und produktiv kreativ zu werden.

Vor dir liegt ein **Arbeitsheft**! Also: Schreibe hinein, strukturiere, markiere farbig, ergänze, ... und kommentiere deinen Arbeitsprozess.

Es gibt dabei folgende Arbeitsbereiche, die durch Farben und Symbole voneinander abgetrennt sind.

1. **Einführungskapitel** und abschließende **Interpretationsaufgaben** am Anfang und Ende des Heftes geben den „Roten Faden" der Lektüre vor.
2. **Texterschließung:** Als Einstieg in den Text helfen dir Texterschließungsaufgaben, rasch einen ersten Zugang und Überblick zu erhalten.
3. **Übersetzungsfragen:** Für die Detailübersetzung gibt es zur Wiederholung und Vertiefung der Grammatik und des Wortschatzes Aufgaben, die begleitend erledigt werden können. Das kann zu Hause oder während des Unterrichts in freien Arbeitsphasen geschehen. Dein Lehrer gibt dir sicher Tipps, welche Aufgaben für dich geeignet oder wichtig sind. Was und wie viel übersetzt werden soll, entscheidet der Lehrer. Auf der Seite von C.C. Buchner findest du unter der Textausgabe zu jedem Text eine Vokabelliste mit Grundvokabeln.
4. **Interpretation:** Die Interpretationsaufgaben dienen einerseits dazu, den Text besser zu verstehen und zu überlegen, ob die Botschaften der Fabeln heute noch von Bedeutung sind. Gleichzeitig möchten wir dich aber auch anregen, Fabeln zu vergleichen, zu illustrieren, umzuschreiben oder neu zu verfassen.

Sammelfolien: Für den Gesamtüberblick gibt es Sammelfolien, die herausgenommen werden können und begleitend – zum Beispiel nach jeder Fabel – ausgefüllt werden sollten.

Kompetenz-Checkpoints In Puncto: Hiermit kannst du deinen Lernfortschritt überprüfen und dir selbst neue Aufgaben vornehmen, um am Ende den größten Lernerfolg zu haben.

Wir wünschen dir nun viel Freude, in die bunte und aufregende Welt der Fabeln einzutauchen und einem ersten antiken Autor im Original zu begegnen. Du wirst feststellen: Einfach fabelhaft!

I1 Meinungsfreiheit

In seinem Geschichtswerk „Historien" äußerte sich der römische Politiker und Schriftsteller Tacitus wie folgt: *„Sie sind ja so selten, die glücklichen Zeiten, wo es möglich ist, zu denken, was man will, und zu sagen, was man meint."* (Tac. hist. I 1).

Auf einer Hauswand in Pompeji ist zu lesen: *Ich bewundere dich, Wand, dass du noch nicht eingestürzt bist, obwohl du das Gekritzel so vieler Leute ertragen musst.*

a) Deute die Texte vor dem historischen Hintergrund (→ Infokasten).

b) Der Dichter Phädrus, der ebenfalls im 1. Jh. n. Chr. lebte, war nach eigener Auskunft vermutlich ein freigelassener Sklave. Mehr biografisch Gesichertes lässt sich kaum finden. Unsicher ist, ob er sich nicht sogar hinter einem lyrischen Ich verbirgt. Phädrus bewegt sich zwischen den beiden Polen der Meinungsfreiheit. Er möchte seine Meinung sagen, aber dennoch als Dichter Erfolg haben. Stell dir vor, du wärest ein Sklave und möchtest deinem Herrn die Meinung sagen. Nenne Möglichkeiten, dennoch - aber verdeckt - deine Meinung zu sagen.

Insgesamt fanden die Bürger in Rom ein Klima geistiger Offenheit vor. Zur res publica libera gehörte die freie Rede und ein freier Geist. Später noch soll es dem Volk während der ludi circenses erlaubt gewesen sein, Missstände offen gegenüber dem Kaiser auszusprechen. Sich verschärfende soziale Ungerechtigkeit und persönliche Abhängigkeiten in der Kaiserzeit schürten jedoch gegenseitiges Misstrauen. Wollte man dennoch hoch hinaus, musste man genauer auf die Wahl seiner Worte achten. Denn wenig Gnade zeigten die Kaiser im Umgang mit missliebigen Schriftstellern. So verbannte Augustus den Schriftsteller Ovid u.a. vermutlich wegen seiner zu freizügigen Liebesdichtung sowie fehlender pietas den Göttern gegenüber aus Rom ans Schwarze Meer.

c) Auch heute werden Journalisten, Schriftsteller und Künstler für ihre Meinungsäußerung angefeindet. Recherchiere nach einem aktuellen Beispiel!

12 Phädrus und seine Fabeln

Um als Schriftsteller etwas zu sagen, was nicht jedem gefiel, konnte man dies offen formulieren oder nach anderen Formen der Darstellung suchen, die nicht so leicht angreifbar waren. Dies tat der Dichter Phädrus mit seinen Fabeln.

a) Recherchiere die Lebensdaten des Phädrus und der jeweiligen Kaiser. Erstelle in deinem Heft einen Zeitstrahl und füge ein „Foto" der Kaiser hinzu.

FABULÆ ÆSOPI
Græcè & Latinè,
NUNC DENUO SELECTÆ:
Eæ item, quas AVIENUS Carmine expressit.
Accedit RANARUM & MURIUM PUGNA, HOMERO olim adscripta:
Cum elegantissimis in utroque libello Figuris, & utriusque Interpretatione, plurimis in locis emendatâ.
Ex decreto DD. HOLLANDIÆ Ordinum in usum Scholarum.
AMSTELODAMI
Apud R. & J. WETSTEIN, & W. SMITH.
ANNO M. DCC. XXVII.

Zur Textgattung „Fabel"

Die Fabel (lat. fabula von fari = reden, erzählen) hat ihren Ursprung vermutlich im Orient. In der Rhetorik wurde sie vor allem als „Mittel zum Zweck" zur anschaulichen Beweisführung eingesetzt. Erst der auf Samos lebenden Sklave Äsop (ca. 550 v. Chr.) soll bis dahin bekannte Fabeln gesammelt und neue verfasst haben. Auch in der römischen Dichtung lassen sich Fabeln finden (Lucilius, Ennius, Horaz, Livius) - meist jedoch als Beweis in andere Erzählungen eingebettet.
Einen eigenständigen Charakter als literarische Gattung in Gedichtform gab ihnen aber erst Phädrus mit seinen fünf Büchern fabulae.

Phädrus hatte als poeta doctus aber nicht nur die Absicht, mit seinen Fabelgeschichten menschliche Verhaltensweisen bzw. gesellschaftliche und politische Zustände zu kritisieren, sondern ...

Duplex libelli dos est: quod risum movet
et quod prudentis vitam consilio monet.

Das Geschenk meines Büchleins ist ein doppeltes:

Dass es ______________________

und dass es das Leben eines Klugen ______________

______________________________ .

b) Versetze dich in Phädrus und stelle dir vor, du hättest die Absicht, ein Buch mit Fabeln zu verfassen. Wie müssten diese gestaltet sein, damit du deine Ziele erreichst? Erstelle eine Checkliste.

Text 1 Lupus et agnus

Ad rivum eundem lupus et agnus venerant
siti compulsi; superior stabat lupus
longeque inferior agnus. Tunc fauce improba
latro incitatus iurgii causam intulit.
„Cur", inquit, „turbulentam fecisti mihi
aquam bibenti?" Laniger contra timens:
„Qui possum, quaeso, facere, quod quereris, lupe?
A te decurrit ad meos haustus liquor."
Repulsus ille veritatis viribus:
„Ante hos sex menses male", ait, „dixisti mihi."
Respondit agnus: „Equidem natus non eram."
„Pater hercle tuus", ille inquit, „male dixit mihi."
Atque ita correptum lacerat iniusta nece.
Haec propter illos scripta est homines fabula,
qui fictis causis innocentes opprimunt.

rivus Bach • lupus 🕮 • agnus 🕮 •
sitis, sitis *f* Durst • compellere (-pello, -puli, -pulsum) antreiben •
inferior, ius unterhalb • faux, faucis *f* Kehle •
latro, latronis *m* 🕮 • iurgium 🕮 •
causam inferre einen Vorwand suchen •
turbulentus trüb •
laniger wolltragend •
qui? wie? • quaeso *(eingeschoben)* bitte •
queri (queror, questus sum) klagen, beklagen •
decurrere herabfließen, -laufen •
haustus, us *m* Wasserstelle •
liquor, oris *m* Wasser •
veritas, atis *f* 🕮 •
mensis, mensis *m* Monat •

hercle beim Herkules! •
lacerare zerreißen •
in-iustus 🕮 •
innocens, entis unschuldig •
fingere (fingo, finxi, fictum) erdichten, sich ausdenken

T1 Die Ausgangssituation V. 1–4

Lies die Verse 1–4 sorgfältig durch und stelle die Ausgangssituation der Fabel in einer Skizze dar. Beschrifte sie mit Wendungen aus dem Text.

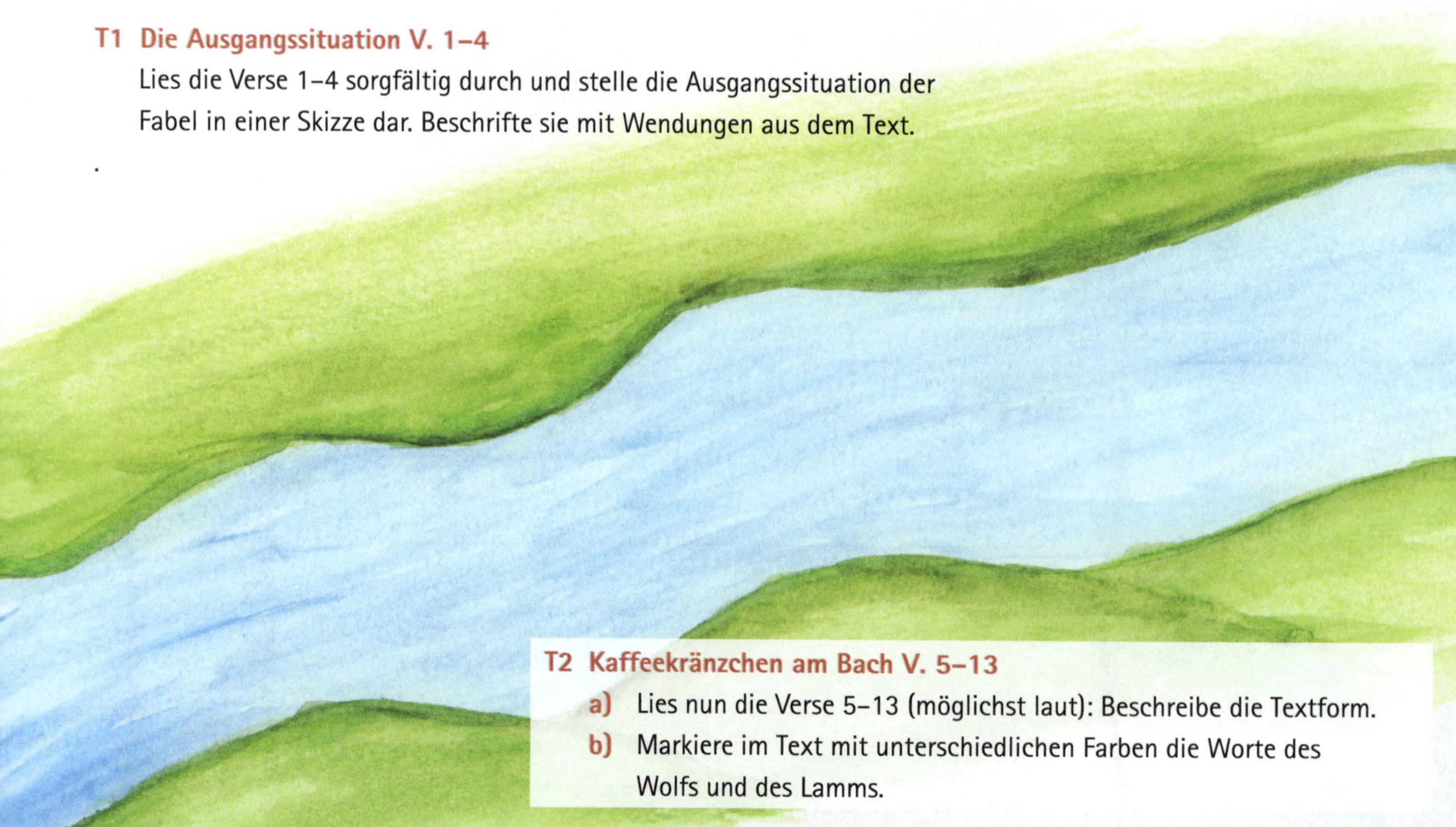

T2 Kaffeekränzchen am Bach V. 5–13

a) Lies nun die Verse 5–13 (möglichst laut): Beschreibe die Textform.

b) Markiere im Text mit unterschiedlichen Farben die Worte des Wolfs und des Lamms.

c) Notiere Begriffe, die zum angegebenen Sachfeld passen, und ein weiteres Sachfeld.

Sachfeld 1: Gericht	Sachfeld 2:

d) Übersetze V. 1-13 unter genauer Beachtung des blauen Infokastens (→ S. 11).

e) Beziehe Stellung zur Überschrift „Kaffeekränzchen am Bach". Trifft sie den Kern der Fabel?

Ü1 Eigenschaften

Notiere Adjektive und Verben, durch die die Tiere charakterisiert werden. Trage deine Beobachtungen nach jeder Fabel in die Sammelfolie Qualitates Animalium ein.

Ü2 Participium coniunctum

Phädrus liebt Partizipialkonstruktionen. Unterstreiche Partizip und Bezugswort. Kreuze das Zeitverhältnis an. Übersetze die Bestandteile einzeln, setze sie danach sinnvoll zusammen.

V.		VZ	GZ
1/2	lupus et agnus venerant | siti compulsi		
4	latro incitatus iurgii causam intulit		
5/6	Mihi | aquam bibenti		
9	Repulsus ille vertitatis viribus (dixit)		

I1 Der Fabelaufbau

a) Vervollständige mithilfe des Infokastens das begonnene Aufbauschema der Fabel.

1. ______________________
   V. ___ bis V. ___ : ______________________
2. Konflikthandlung
   V. ___ bis V. ___ : actio: Wolf
   V. ___ bis V. ___ : ______________________
   V. ___ bis V. ___ : ______________________
   V. ___ bis V. ___ : ______________________
   V. ___ bis V. ___ : ______________________
3. ______________________
   V. ___ : ______________________
4. ______________________
   V. ___ bis V. ___ : ______________________

Aufbau einer Fabel

Fabeln sind kurze Geschichten, in denen Tiere und Menschen die Protagonisten darstellen. Diese tragen oftmals einen Konflikt aus. Dabei halten sie uns Lesern einen Spiegel vor, ganz grundsätzliche menschliche Eigenschaften werden aufgegriffen und herausgestellt. Der Aufbau der Fabel ist dreigeteilt:

1. Ausgangssituation
2. Konflikthandlung in Form von actio und reactio
3. Auflösung und/oder 4. Lehre

Zur Auflösung der Situation gehört in der typischen Fabel eine Lehre, die entweder zu Beginn (Promythion) oder am Ende (Epimythion) zu finden ist.

b) Analysiere, wie sich das Streitgespräch zwischen Wolf und Lamm entwickelt. Notiere entsprechende Textbelege. Charakterisiere beide Tiere anhand der Wahl ihrer Worte und deiner Ergebnisse aus T2.

Gesprächsverlauf

1.	2.	3.	4.

Charakterisierung des Lupus:

Charakterisierung des Agnus:

I2 Und die Moral von der Geschicht`...

a) Formuliere zur Fabel eine passende Lehre.

b) Übersetze das Epimythion (V. 14f.) und vergleiche Phädrus´ Lehre mit deiner eigenen.

Übersetzung

Vergleich

13 Phädrus als Stilist 

Markiere die Hyperbata mit verschiedenen Farben wie im Infokasten und beschreibe die jeweilige Wirkung.

Hyperbaton

Das Hyperbaton ist eine Stilfigur, der sich antike Dichter besonders gern bedienen. Zusammengehörige Wörter stehen nicht nebeneinander, sondern getrennt (Sperrung). Manchmal wird durch Begriffe, die dazwischenstehen, sogar der Textinhalt „abgebildet", wie im Beispiel in V. 5f.:

Cur ... turbulentam fecisti mihi | aquam bibenti?

Das trinkende Lamm „rahmt" das Wasser „ein" (und umgekehrt rahmt das aufgewühlte Wasser das Lamm (mihi) ein).

14 Die verdeckte Wahrheit 

Erläutere die Textaussage unter Berücksichtigung der damaligen gesellschaftlichen Verhältnisse. Übertrage sie auf die heutige Zeit und nenne Beispiele.

	Menschen **damals**	mögliche Situation	Menschen **heute**	mögliche Situation
Lupus				
Agnus				

15 Musste es so enden?

Ein neues Fabelbuch soll gestaltet werden. Ein Illustrator hat für diese Fabel ein Motiv gezeichnet. Formuliere die Phädrus-Fabel so um, dass sie zur Illustration passt.

16 Dichtung ist Musik (→ Infokasten, S. 27)

Text 2 Canis per fluvium carnem ferens

Canis per flumen carnem cum ferret natans,
lympharum in speculo vidit simulacrum suum,
aliamque praedam ab alio cane ferri putans
eripere voluit; verum decepta aviditas
et, quem tenebat ore, dimisit cibum,
nec, quem petebat, potuit adeo attingere.

natare schwimmen • lympha (klares) Wasser • speculum 📖 • verum aber • decipere täuschen, betrügen • aviditas, atis *f* 📖 • verum decepta aviditas *ordne:* verum aviditas decepta (est) • et … cibum *ordne*: et dimsit cibum, quem tenebat ore • nec … attingere *ordne:* nec potuit adeo attingere (cibum), quem petebat

T1 a) Betrachte die Abbildungen. Ordne ihnen entsprechende lateinische Textaussagen zu und bringe sie in die richtige Reihenfolge.

b) Ein Textdetail geben die Abbildungen a) und b) nur unzureichend wieder. Nenne dies und belege es am lateinischen Text.

T2 Gib die Fabel mit eigenen Worten wieder, übersetze sie anschließend detailliert. Wende dabei die Übersetzungsschritte aus dem Infokasten (→ S. 11) genau an.

Lateinische Verse übersetzen

I. Grobstruktur:

1. Prädikate unterstreichen
2. Satzreihe oder Satzgefüge? Satzgefüge: Einkreisen der Subjunktion oder des Relativpronomens (dann Pfeil zum Bezugswort!). Satzreihen sind oft durch ein angehängtes -que (= vorangestelltes et!) verbunden.

II. Feinstruktur:

1. Subjekt/Subjektsblock unterstreichen
2. Objekt/e (häufig auch Wortblock!) identifizieren
3. Hyperbata (→ Infokasten, S. 9) farbig markieren

III. Anwendungsbeispiel (vgl. Text 1, Lupus et agnus, V.14f.):

Haec propter illos scripta est homines fabula,

qui fictis causis innocentes opprimunt.

Ü Wörterbuch-Profi

Schlage die Wörter carnem und ferri im Wörterbuch nach und nenne jeweils die Grundform.

I1 Canis deceptus

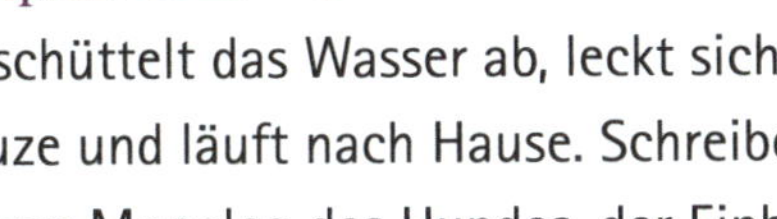
Der Hund schüttelt das Wasser ab, leckt sich über die Schnauze und läuft nach Hause. Schreibe einen inneren Monolog des Hundes, der Einblick in seine Gefühlswelt gibt.

I2 Blick in den Spiegel

a) Suche nach Beispielsituationen, in denen Menschen „falsch gedacht" haben.

b) Schreibe die Fabel in eine Menschengeschichte um.

Text 3 Rana rupta et bos

In prato quondam rana conspexit bovem
et tacta invidia tantae magnitudinis
rugosam inflavit pellem: tum natos suos
interrogavit, an bove esset latior.
Illi negarunt. Rursus intendit cutem
maiore nisu et simili quaesivit modo,
quis maior esset. Illi dixerunt bovem.
Novissime indignata dum vult validius
inflare sese, ...

pratum Wiese • rana 📖 • bos, bovis *m* Ochse • invidia 📖 • rugosus faltig • inflare aufblasen • pellis, is *f* Haut • natus = filius • latus groß, breit • an bove esset latior = an latior esset quam bovis • negarunt = negaverunt • intendit *erg.* rana • intendere (-tendo,-tendi) anspannen • cutis, is *f* Haut • nisus, us *m* Anstrengung • Novissime.... sese *ordne:* Dum novissime (rana) indignata validius sese inflare vult • novissime zuletzt, schließlich • indignatus entrüstet, empört • validus kräftig, stark • sese = se

T Actio und reactio

a) Gliedere den Text nach sorgfältigem Lesen anhand der Zeitadverbien in vier Abschnitte.

b) Notiere die im Text vorkommenden Tiere und die Prädikate der Sätze.

Versangaben	Zeitadverb	Tiere	Prädikate

c) Zeichne für jeden Textabschnitt eine Comiczeichnung mit (deutschen oder lateinischen) Sprechblasen.

d) Überlege, wie die Geschichte (in Vers 9 b) ausgehen könnte, und fertige ein fünftes Bild an.

Comiczeichnung				

Ü Steigerungen

In der Tabelle unten sind die Steigerungsreihen der Adjektive und Adverbien durcheinandergeraten. Stelle die korrekten Steigerungsreihen wieder her.

Positiv	Komparativ	Superlativ
magnus	maior	maximus
latior	rugosa	valide
rugosissima	validissime	latus
validius	latissimus	rugosior

I1 Rana

Erläutere, wie die Beschreibung des Frosches (Wortwahl, Stilmittel) am Anfang und Ende der Fabel zur Dramatisierung des Geschehens beiträgt:

V. 2/3: tacta invidia tantae magnitudinis | rugosam inflavit pellem

V. 8/9: Novissime indignata dum vult validius | inflare sese

I2 Das Ende der Geschichte

a) Phädrus beendet seine Fabel mit den Worten: rupto iacuit corpore (rumpere, rumpo, rupi, ruptum = *zerbrechen*). Übersetze diese und vergleiche sie mit deiner Zeichnung für das Ende der Geschichte.

b) Recherchiere und lies die Geschichte „Schlauli und der aufgeblasene Frosch". Vergleiche deren Ausgang mit dem Ende der Fabel.

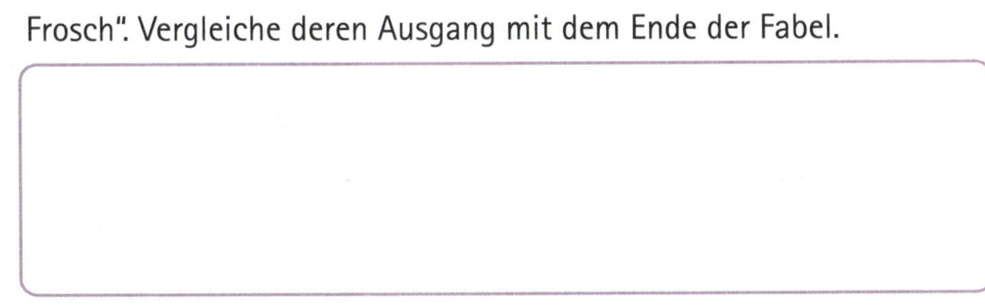

c) Nimm Stellung und begründe: Welches Ende der Geschichte gefällt dir besser?

I3 Was meinst du? 

Fabel-Rezeption

Die Fabeln des Äsop und des Phädrus wurden bereits in der Antike aufgegriffen (lat. recipere - auf-/übernehmen). So verwendete man sie zum Beispiel in der öffentlichen Auseinandersetzung zur Argumentation vor Gericht bei der Begründung eines konkreten Falls. Im Mittelalter stellte der Reformator Martin Luther (1483-1546) seine Fabeln in den Dienst religiöser Erneuerung, für *Jean de La Fontaine* (1621-1695) oder *Gotthold Ephraim Lessing* (1729-1781) dienten Fabeln zur politisch-sozialen Kritik im Zeitalter der Aufklärung.

Auch im 20. Jahrhundert wurden noch Fabeln verfasst, die alte Fabelmotive wieder aufgriffen (James Thurber) oder sie sogar satirisch verfremdeten. Die Textgattung Fabel hat aber für Heranwachsende und Erwachsene wegen ihrer schnell einleuchtenden Lehren und ihres subtilen Witzes nichts an Aktualität eingebüßt.

a) Formuliere abschließend mit eigenen Worten die Lehre der Fabel.

b) Beziehe dein Wissen über Phädrus und seine Intention (→ Einführungskapitel) ein und überlege, was ihn zu dieser Fabellehre bewogen haben könnte.

c) Im Internet findet man zahlreiche Motivationssprüche. Vergleiche diese mit der Lehre der Phädrus-Fabel und nimm begründet Stellung, ob du diesen Sprüchen oder Phädrus zustimmst.

Text 4 Graculus superbus

Vorüberlegung: Beschreibe die beiden Vögel in Stichworten. In der Fabel begegnen sich die beiden Vögel. Was denkt der eine über den anderen?

graculus - Dohle　　　　pavo - Pfau

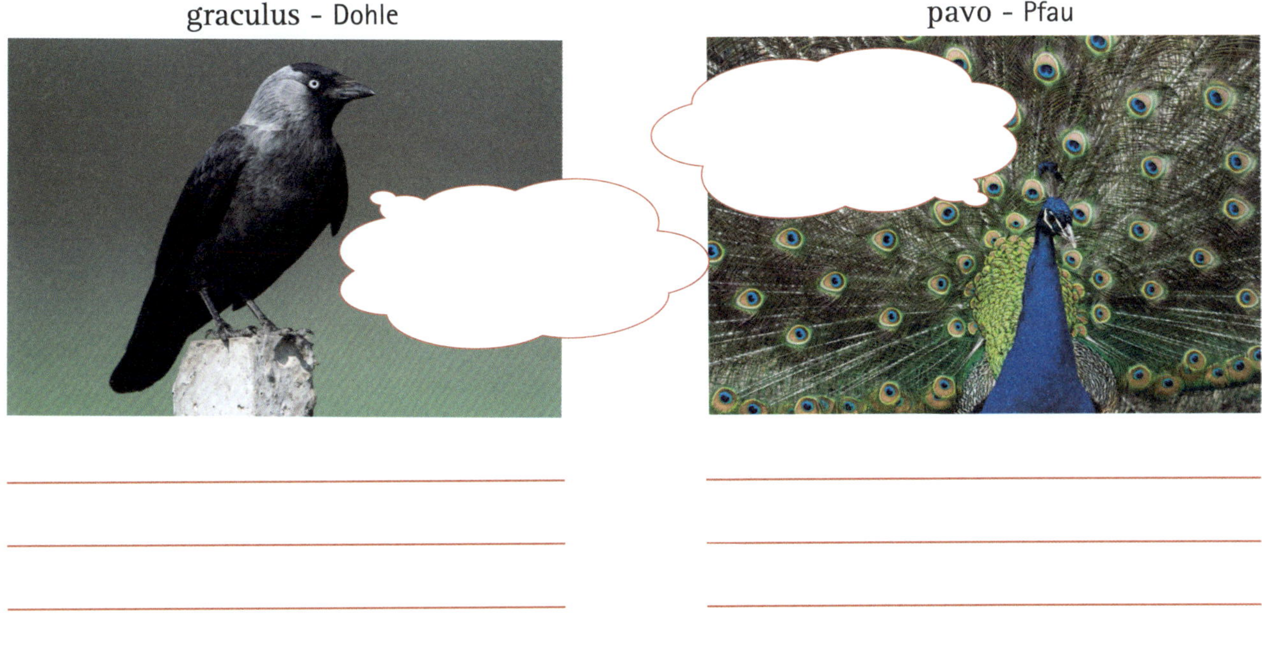

Tumens inani graculus superbia
pennas, pavoni quae deciderant, sustulit
seque exornavit. Deinde contemnens suos
se immiscuit pavonum formoso gregi.
Illi impudenti pennas eripiunt avi
fugantque rostris. Male mulcatus graculus
redire maerens coepit ad proprium genus;
a quo repulsus tristem sustinuit notam.
Tum quidam ex illis, quos prius despexerat:
„Contentus nostris si fuisses sedibus
et, quod natura dederat, voluisses pati,
nec illam expertus esses contumeliam
nec hanc repulsam tua sentiret calamitas.“

tumere sich aufblähen • penna Feder • pavo, onis *m* • decidere = de+cadere • exornare = ornare • contemnere verachten • se immiscere (-eo, -ui, -mixtum) *m. Akk.* sich mischen unter • grex, gregis *m* Herde • illi *gemeint ist* pavones • impudens, -entis unverschämt • rostrum Schnabel • mulcare prügeln, übel zurichten • maerere betrübt sein • proprius eigen • nota Beschimpfung • quidam ein gewisser • sedes 🕮 • pati, patior, passus sum dulden, ertragen • et ... pati *ordne:* et voluisses pati, quod natura dedit • experiri, experior, expertus sum erfahren, kennen lernen • repulsa Zurückweisung

T1 Vorhang auf – Auftritt der Dohle (V. 1–4)

Ordne der Dohle lateinische Textaussagen der Anfangsverse zu und gestalte das Bild im Sinne des Textes aus.

T2 2. Akt (V. 5–13): Wahr oder falsch?

Lies dir zunächst die Verse 5-13 sowie anschließend die folgenden Textaussagen gründlich durch.
Kreuze jeweils an, ob diese Aussagen wahr oder falsch sind. Belege deine Antwort mit einem lateinischen Textzitat und korrigiere falsche Aussagen.

Textaussage	wahr	falsch	Textbeleg und/oder Korrektur
Die Dohle entreißt den Pfauen weitere Federn.	☐	☐	
Mit schönen Federn geschmückt, kehrt die Dohle zu ihrer Familie zurück und beschimpft diese.	☐	☐	
Eine der von ihr verachteten Dohlen gibt ihr einen Rat:	☐	☐	
Die Natur hätte ihnen ihren Wohnsitz gegeben und …	☐	☐	
sie dürfe die anderen Dohlen nicht länger beleidigen.	☐	☐	

Ü Konjunktiv Imperfekt und Plusquamperfekt

Über der Feder stehen vier Konjunktivformen.
Sortiere diese in das entsprechende Tempus-Nest und markiere jeweils die Tempus-/Moduskennzeichen.

fuisses (V. 10) voluisses (V. 11)

expertus esset (V. 12) sentiret (V. 13)

Konj. Imperfekt

Konj. Plusquamperfekt

Sammelfolie: Qualitates Animalium 

Während der Fabel-Lektüre bist du ganz verschiedenen Tiertypen begegnet ...
hier eine kleine Auswahl:

a) Ordne den Tieren ihre lateinischen Bezeichnungen zu.

b) Schreibe zu den Tieren Adjektive, mit denen Phädrus ihr Verhalten charakterisiert (Mehrfachnennungen möglich!).

c) Die Eigenschaften (die Charaktere) von Tieren werden in unserer Alltagssprache oftmals auf Personen und Situationen bezogen (z.B. „blind wie ein Huhn"). Trage oder klebe zu den abgebildeten Tieren gefundene Vergleiche ein.

1. ________	1. ________	1. ________
2.	2.	2.
3.	3.	3.
1. ________	1. ________	1. ________
2.	2.	2.
3.	3.	3.
1. ________	1. ________	1. ________
2.	2.	2.
3.	3. z.B. Froschkönig	3.

Sammelfolie: „Me docet et delectat fabula?" 

Fülle die Mindmap aus, indem du nach dem vorgegebenen Beispiel zu den Fabeln notierst, inwiefern dich die Fabel belehrt (docere) und unterhalten (delectare) hat. Beispiele:

z.B. die Darstellung eines Tieres, ein bestimmter Aspekt der Handlung...

Me docet

Lebensmotto für mich und meinen Alltag

Lehre/Moral der Fabel

Me delectat

sprachliche und stilistische Besonderheit

z.B. ein bestimmtes Stilmittel, ein Klang, ein Wortwitz...

Was hat mich amüsiert?

Ranae regem petierunt

Me docet

Vulpes et caper

Cervus ad fontem

Milvus et columbae

Lupus et agnus

Canis per fluvium carnem fernes

et delectat fabula

Graculus superbus

Rana rupta et bos

Kompetenz-Checkpoints In Puncto

IN PUNCTO I (nach Text 4)

Texterschließung	😊	😐	😟	Wiederholung
Ich kann unterschiedliche Verfahren zur Texterschließung anwenden.				S. 6f., T1 und T2 / S. 10, T1 / S. 12, T / S. 16, T2
Übersetzungsfragen				
Ich kann mithilfe eines Wörterbuches die Grundform flektierter lateinischer Wörter benennen.				S. 11, Ü
Ich kenne die Steigerungsstufen bei Adjektiven.				S. 13, Ü
Ich kann ein Pc angemessen übersetzen.				S. 7, Ü2
Interpretation				
Ich kann die Bedeutung der Textgattung Fabel literargeschichtlich erklären.				S. 5, Infotext
Ich kenne das Grundaufbauschema einer Fabel.				S. 7, I1
Ich kenne wichtige rhetorische Gestaltungsmittel und kann ihre Wirkung am Text entfalten.				S. 9, I3 / S. 17, I2
Ich kann die Lehre einer Fabel formulieren.				S. 8, I2 / S. 14, I3 a)
Ich kann Rezeptionsdokumente mit einem Text vergleichen.				S. 13, I2 / S. 14, I3 c)

Falls du nicht überall 😊 angekreuzt hast: Wiederhole die Aufgaben oder frage nach Zusatzmaterial.

IN PUNCTO II (nach Text 8)

Texterschließung	😊	😐	😟	Wiederholung
Ich kann Texte auf inhaltlicher und formaler Ebene erschließen.				S. 19, T2 / S. 22, T2 / S. 24f., T
Übersetzungsfragen				
Ich kenne Techniken, unbekannte lateinische Wörter zu erschließen.				S. 26, Ü1 / S. 29, Ü2
Ich kann Deponentien erkennen und übersetzen.				S. 22, Ü1
Ich erkenne den Ablativ als Adverbiale und kann ihn zielsprachengerecht übersetzen.				S. 19, Ü
Ich kann ein Pc vom Abl. abs. unterscheiden.				S. 26, Ü2
Interpretation				
Ich kann Protagonisten einer Fabel charakterisieren und ihr Handeln im Hinblick auf die eigene Lebenswelt beurteilen.				S. 20, I4 / S. 23, I2
Ich kann grundlegende menschliche Verhaltensweisen erklären.				S. 20, I2 und I3 / S. 27, I2
Ich kann Texte/Textteile kreativ umsetzen.				S. 20, I3 / S. 27, I3 / S. 30, I3
Ich kann die sprachliche Gestaltung eines Textes beschreiben.				S. 23, I1 a)

Falls du nicht überall 😊 angekreuzt hast: Wiederhole die Aufgaben oder frage nach Zusatzmaterial.

I1 Vergleiche den tatsächlichen Verlauf der Fabel mit deiner Vorüberlegung.

I2 **Stilmittel** 

Ordne den Versen Stilmittel zu (Mehrfachnennungen möglich). Erläutere bei zweien die Wirkungsabsicht.

V.1: Tumens inani graculus superbia
pennas pavoni, ...

V.5f.: Illi impudenti pennas eripiunt avi
fugantque rostris.

V.9: Tum quidam ex illis, quos prius despexerat:

V.12f.: nec illam expertus esses contumeliam
nec hanc repulsam tua sentiret calamitas

Ellipse
Assonanz
Alliteration
Hyperbaton
Antithese
Anapher
Chiasmus
Parallelismus
Variatio

I3 Respice finem!

Die Philosophenschule der Stoa

Die Stoa war eine der großen Philosophenschulen im antiken Griechenland. Ihr Begründer, Zenon von Kition, begann in einer Säulenhalle (Stoa) auf dem Marktplatz in Athen um ca. 300 v. Chr. mit seiner philosophischen Unterweisung. Nach stoischer Lehre durchflutet eine göttliche Kraft (Logos) den Kosmos in allen seinen Bestandteilen. Auch der Mensch hat somit Anteil an diesem göttlichen Prinzip. Seine Aufgabe ist es, durch Einübung emotionaler Selbstbeherrschung, Achtsamkeit, Zielorientierung sowie Folgenabschätzung nach Weisheit und Glückseligkeit zu streben.

Der stoische Philosoph Epiktet notiert in seinem Handbüchlein der Moral: „Bei jeder Handlung berücksichtige Voraussetzungen und die Folgen und auf diese Weise gehe dann ans Werk ...", lateinisch in dem berühmt gewordenen Satz Quidquid agis, prudenter agas et respice finem. („Was auch immer du tust, tue es klug und bedenke das Ende.") ausgedrückt.

a) Erkläre unter Bezugnahme auf den Infokasten, was Phädrus seinen Mitmenschen mit der vorliegenden Fabel sagen bzw. wovor er warnen möchte.

b) Wie könnte die Dohle ihr Verhalten rechtfertigen? Verfasse aus ihrer Perspektive eine Antwort im Anschluss an Vers 13.

c) Stimmst du eher Phädrus oder der Dohle zu? Nimm kritisch Stellung zu der vorliegenden Fabel und der Intention, die Phädrus mit ihr verfolgt.

Text 5 Cervus ad fontem

T1 Verfasse zu deinem Vornamen analog zum Beispiel unten ein Akrostichon. Formuliere zu jedem Buchstaben eine Eigenschaft, die zu dir passt. Die Eigenschaft darf dabei auch negativ sein.

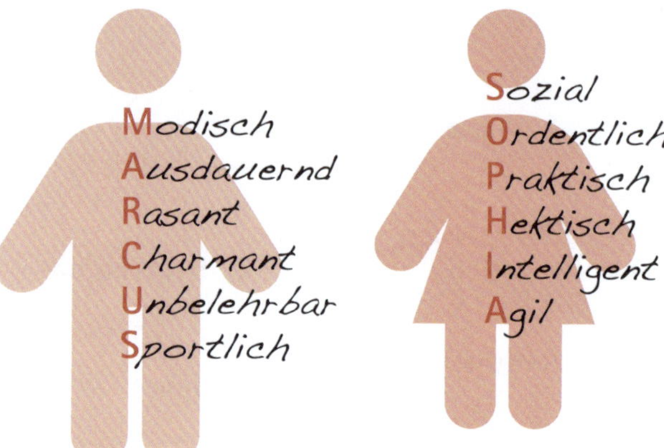

Ad fontem cervus, cum bibisset, restitit
et in liquore vidit effigiem suam.
Ibi dum ramosa mirans laudat cornua
crurumque nimiam tenuitatem vituperat,
venantum subito vocibus conterritus
per campum fugere coepit et cursu levi
canes elusit. Silva tum excepit ferum,
in qua retentis impeditus cornibus
lacerari coepit morsibus saevis canum.
Tunc moriens edidisse vocem hanc dicitur:
„O me infelicem! Qui nunc demum intellego,
utilia mihi quam fuerint, quae despexeram,
et, quae laudaram, quantum luctus habuerint."

cervus •
liquor, oris *m* Flüssigkeit, Wasser •
effigies, ei *f* Bild, Bildnis •
ramosus astreich, stark verzweigt • crus, cruris *n* Schenkel, Bein • tenuitas, atis *f* Dünnheit, Zartheit • vituperare tadeln •
venantum = venantium venari jagen •
conterrere (-terreo, -terrui, territum) heftig erschrecken • eludere (-ludo, -lusi, -lusum) sein Spiel treiben, ausweichen, sich entziehen • ferus •
re-tinere (-tineo, -tenui, -tentum) zurückhalten • lacerare zerreißen, zerfleischen •
lacerari coepit = laceratus est •
morsus, us *m* Biss • dicitur *(m. NcI) hier:* er soll ... • edididisse vocem = dixisse •
me infelicem *Akk. des Ausrufs* • qui der ich •
utilia mihi quam fuerint ordne quam utilia mihi (ea) fuerint, quae despexeram •
quae = ea, quae *Neutr. Pl.* das, was •
despicere (-spicio, -spexi,-spectum) verachten
quae laudaram, quantum luctus habuerint •
ordne: quantum luctus (ea) habuerint, quae lauda(ve)ram • quae = ea, quae •
luctus, us *m*

T2 Inhalt und Gliederung der Fabel

a) Lies die Fabel aufmerksam. Lege in deinem Heft eine Tabelle nach dem Muster an und fülle sie Vers für Vers mit lateinisch-deutschen Textzitaten. Gliedere die Fabel aufgrund der Zeitangaben in Sinnabschnitte.

Ortsangaben	Zeitangaben	Handlungen des Hirsches (m. Akk.obj.)	Gliederung
ad fontem, V. 1	cum ..., V. 1	...	Ausgangssituation, V. ...
...	...	...	...

b) Gib eine Kurzfassung des Fabelgeschehens.

Ü Der Ablativ – ein für das Sinnverständnis wichtiger Kasus

Stelle die W-Frage und unterstreiche die Kasusfunktion.

venantum subito **vocibus** conterritus, V. 5 – Abl. instrumentalis / causae	W-Frage ?:
per campum fugere coepit et **cursu levi**, V. 6 – Abl. instrumentalis / modi	W-Frage ?:
lacerari coepit **morsibus saevis** canum, V. 9 – Abl. qualitatis / instrumentalis	W-Frage ?:

I1 O me infelicem!

a) Versetze dich in die Situation des Hirsches und notiere auf Deutsch in der 1. Pers. Sg., was er fühlt und denkt. Belege auf Latein.

b) Erkläre anhand deiner Gedankenblasen die Tragik dessen, was der Hirsch erlebt.

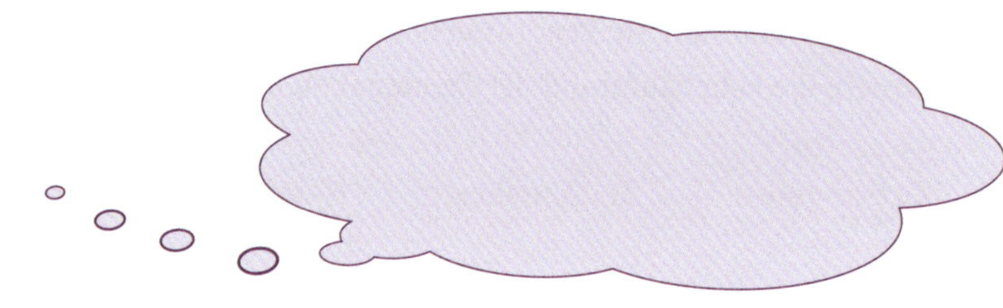

coepit lacerari

I2 Und damals?

a) Beschreibe, welchen Menschentyp seiner Zeit Phädrus möglicherweise mit dem Hirsch vor Augen hatte. Interpretiere die Fabel mithilfe der Sachinformationen (→ S. 4 und 5) zeitgeschichtlich.

b) Zeichne eine Karikatur eines solchen Römers.

I3 Und die Moral von der Geschichte ... heute?

Suche ein aktuelles Beispiel aus deinem Lebensalltag, auf das die Lehre dieser Fabel übertragbar ist. Verfasse dazu eine kurze eigene Fabel (auch als Prosafassung), wähle aber ein anderes Tier.

I4 Quid ad me?

Schau noch einmal zurück auf dein Akrostichon ganz zu Beginn. Findest du Charaktereigenschaften an dir, die du, ähnlich dem Hirsch, als vorteilhaft und wenig vorteilhaft empfindest?
Erkläre, wie sich diese Eigenschaften - analog zur Fabel - als gegenteilig erweisen könnten.

Text 6 Vulpes et caper

Vorüberlegung: Der „Werbefuchs"

In der Werbung wird häufig auf den Fuchs zurückgegriffen. Recherchiere Produkte mit einem „Werbefuchs" und klebe dazu ein Bild ein. Beschreibe mithilfe deiner Beispiele, welche Eigenschaften Werbefachleute dem Fuchs zuschreiben.

Eigenschaften des „Werbefuchses":

Cum decidisset vulpes in puteum inscia
et altiore clauderetur margine,
devenit hircus sitiens in eundem locum.
Simul rogavit, esset an dulcis liquor
et copiosus. Illa fraudem moliens:
„Descende, amice; tanta bonitas est aquae,
voluptas ut satiari non possit mea."
Immisit se barbatus. Tum vulpecula
evasit puteo nixa celsis cornibus,
hircumque clauso liquit haerentem vado.

decidere (-cido, -cidi, -) herabfallen, hineingeraten • vulpes, is *f* 🕮 • puteus Brunnen • inscius unwissend, unkundig • margo, inis *m* Rand, Begrenzung • devenire hinkommen • caper/hircus 🕮 • sitire dürsten, durstig sein • simul zugleich • liquor, oris *m* Wasser • copiosus reichlich • fraus, dis *f* Täuschung • moliri, molior beabsichtigen, unternehmen • bonitas, atis *f* Güte, gute Qualität • satiare sättigen, stillen • immittere (-mitto, -misi, -missum) hineinschicken, sich stürzen • barbatus bärtig (= hircus) • vulpecula (*Diminutiv/ Verkleinerungsform zu* vulpes) • evadere (-vado, -vasi, -vasum) entkommen • celsus hoch • linquere (linquo, liqui, lictum) zurücklassen • vadum Boden, Grund

T1 Durst nach Wasser

Nenne die Worte, die Phädrus für „Wasser" verwendet.
Notiere auch Eigenschaften des Wassers.

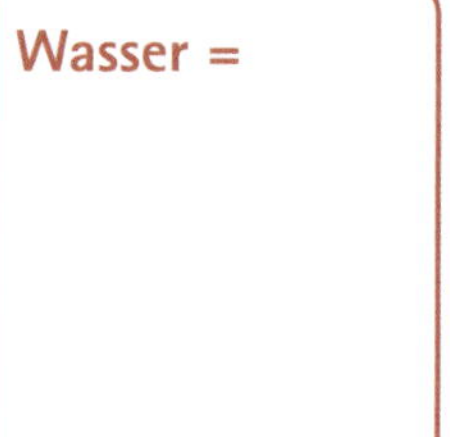

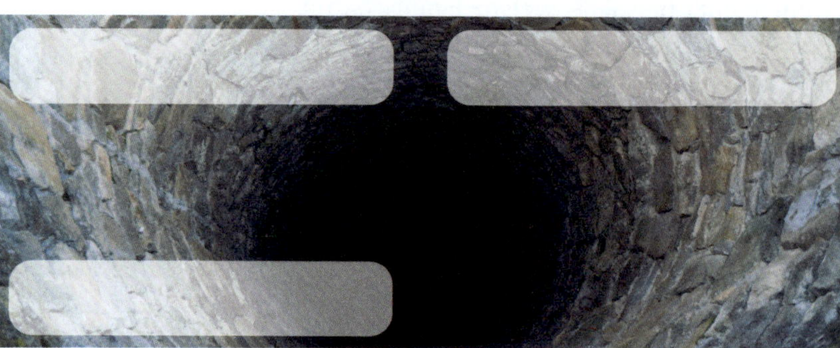

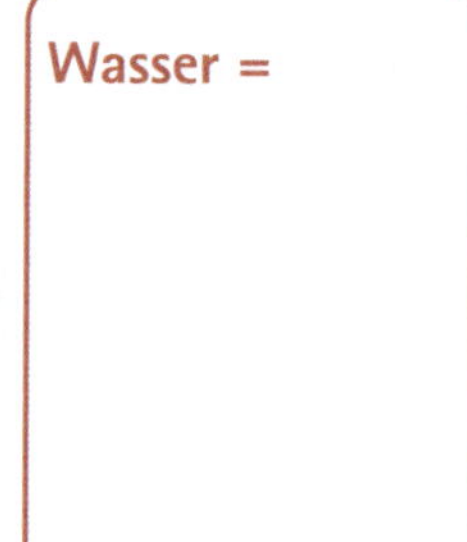

T2 Anfang und Ende: V. 1–3 versus V. 8–10

a) Lies dir die Verse 1-3 sowie 8-10 genau durch. Ordne den beiden Bildern lateinische Textaussagen zu, indem du diese in die Textfelder überträgst.

b) Zeige, was dazu geführt haben könnte, dass sich die Situation zwischen den beiden Bildern in der dargestellten Weise verändert, und entwirf einen dementsprechenden Dialog zwischen den Akteuren.

c) Vergleiche nach der Übersetzung (→ Infokasten, S. 11) deinen Dialog mit dem Gespräch der Tiere.

Ü1 Deponentien bestimmen

Unterstreiche, bei welchen der Verben aus der Fabel es sich um Deponentien handelt. Bestimme die Form nixa.

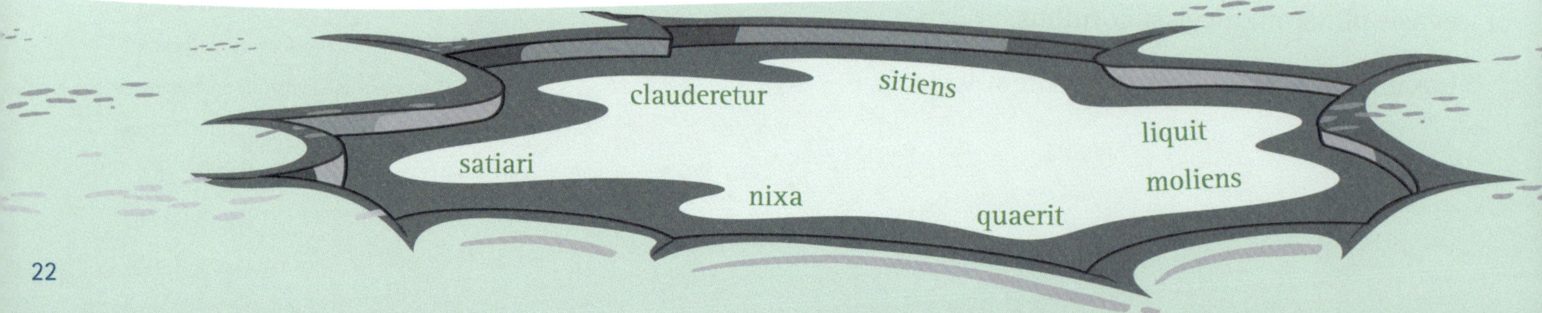

Ü2 Pc-Konstruktionen

Unterstreiche das Partizip und sein Bezugswort. Welches Sinnverhältnis liegt vor? Formuliere eine passende Übersetzung.

devenit hircus sitiens in eundem locum (V. 3)

Tum vulpecula evasit puteo nixa celsis cornibus (V. 8/9)

I1 Am Brunnen

Notiere aus dem Text Namen, Attribute und andere Verhaltensmerkmale des Fuchses und des Ziegenbocks. Vergleiche.

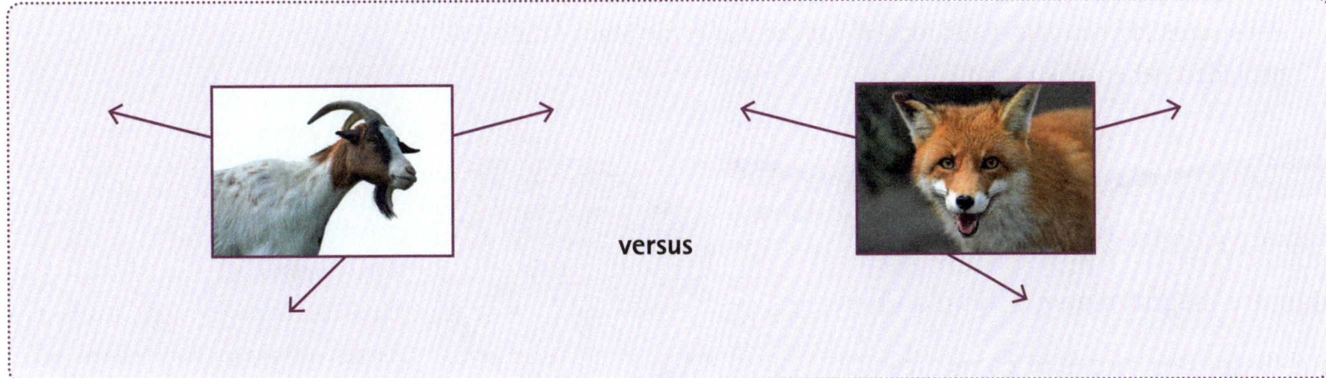

a) Trage die Rede des Fuchses in den Versen 6/7 (mit oder ohne Versmaß) laut vor. Achte auf den Klang, die Wortwahl und die sprachlich-stilistische Gestaltung seiner Rede. Erkläre, wie es ihm gelingt, den Ziegenbock dazu zu bringen, in den Brunnen zu springen.

b) Entspricht der Fuchs einem deiner „Werbefüchse" aus deinen Vorüberlegungen? Begründe mündlich.

I2 Respice finem!

Notiere ein aus der Fabel resultierendes Pro- oder Epimythion. Erläutere es in Hinblick auf seine Bedeutung für deinen Alltag.

I3 Phädrus als Dichter

a) Recherchiere die Nachdichtung „Der Fuchs und der Ziegenbock" des französischen Schriftstellers La Fontaine.

b) Vergleiche die Fabel mit der des Phädrus und beschreibe Gemeinsamkeiten und Unterschiede.

Text 7 Ranae regem petierunt

T Stell dir vor, du bist ein:e römische:r Leser:in. Du wickelst die Buchrolle nach und nach ab. Du liest bzw. übersetzt immer einen Abschnitt, danach machst du dir Notizen: Welche Fragen stellst du dir? Welche Vermutungen hast du, wie die Geschichte weitergeht? Wickle erst danach zur nächsten Seite weiter!

Der griechische Fabeldichter Äsop erzählt ein Ereignis aus Griechenland in Form einer Fabel: Obwohl der athenische Staatsmann Solon durch seine Gesetze allen Athenern eine größere Gleichheit ihrer Rechte (aequae leges) eingeräumt und die einfachen Leute vom Druck der Vornehmen befreit hatte (libertas), kam es dennoch zu Unruhen (licentia), durch die es Pisistratus schaffte, die Alleinherrschaft an sich zu reißen (tyrannus Pisistratus). Er besetzte die Akropolis, von wo aus er die Stadt Athen ungehindert beherrschen konnte.

Ranae vagantes liberis paludibus
clamore magno regem petiere ab Iove,
qui dissolutos mores vi compesceret.
Pater deorum

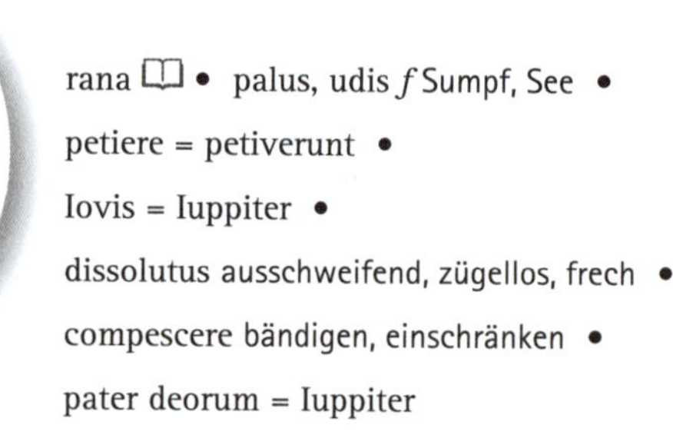

rana 🕮 • palus, udis *f* Sumpf, See • petiere = petiverunt • Iovis = Iuppiter • dissolutus ausschweifend, zügellos, frech • compescere bändigen, einschränken • pater deorum = Iuppiter

risit atque illis dedit
parvum tigillum, missum quod subito vadi
motu sonoque terruit pavidum genus.
Hoc mersum limo cum iaceret diutius,

tigillum 🕮 • missum quod subito … sonoque der - plötzlich herabgeschickt- durch die Bewegung an der unseichten Stelle und den Lärm • hoc mersum limo cum iaceret diutius als dieser (tigillum) längere Zeit im Schlamm eingetaucht lag

forte una tacite profert e stagno caput
et explorato rege cunctas evocat.
Illae timore posito certatim annatant

una (*erg.* rana) • stagnum Teich, See • explorato rege, timore posito s. Ü2 • certatim (*Adv.*) um die Wette • an-natare = ad-natare • petulans ausgelassen, frech •

lignumque supera turba petulans insilit.
Quod cum inquinassent omni contumelia,

alium rogantes regem misere ad Iovem,
inutilis quoniam esset, qui fuerat datus.
Tum misit illis

hydrum, qui dente aspero
corripere coepit singulas. Frustra necem
fugitant inertes, vocem praecludit metus.
Furtim igitur

dant Mercurio mandata ad Iovem,
afflictis ut succurrat. Tunc contra deus:

„Quia noluistis vestrum ferre“, inquit, „bonum,
malum perferte“. „Vos quoque, o cives“, ait,
„hoc sustinete, maius ne veniat, malum.“

insilire auf etwas springen • quod *(relat. Satzanschluss*=lignum*)* inquinassent = inquinavissent v. inquinare verunreinigen, beschmutzen

misere = miserunt

hydrus • corripere an sich reißen, ergreifen • singulas (*erg.* ranas) • fugitare = fugere • praecludere verschließen, versperren • furtim *Adv.* heimlich

afflictis (*erg.* ranis) • affligere (affligo, -flixi, -flictum) anschlagen, schwächen • succurrere zu Hilfe eilen

ferre aushalten, ertragen • perferre = ferre • sustinere auf sich nehmen • maius ne veniat = ne maius (malum) veniat

Ü1 Denken statt Lernen

Viele lateinische Vokabeln kann man erschließen, indem man sie z.B. in Präfix und Grundwort zerlegt.

	Präfix	Grundwort	Bedeutung
ad-natare =	ad +	natare	
in-utilis =	in +	utilis	D.: un -
per-ferre =	per +	ferre	

Ü2 Noch einmal Partizipialkonstruktionen ...

Kreuze an, ob es sich um einen Abl. abs. oder ein Pc handelt. Bestimme das Zeitverhältnis.

	Abl. abs.	Pc	VZ	GZ
Ranae vagantes liberis paludibus, V. 1				
explorato rege, V. 10				
timore posito, V. 11				
lignum supera turba petulans insilit, V. 12				

I1 Ein tigillum als rex?

Betrachte noch einmal die „Protagonisten" der Geschichte.

a) **Jupiter:** Bewerte seine Absicht, wenn er den ranae zuerst den tigillum gibt, beim wiederholten Wunsch den hydrus. Arbeite die Beweggründe mit Textbelegen heraus.

b) Die ranae: Beschreibe auch ihr jeweiliges Verhalten.

c) Erkläre die Herrschaftsform des hydrus.

I2 Die Bedeutung der Fabel zu Phädrus' Lebzeiten

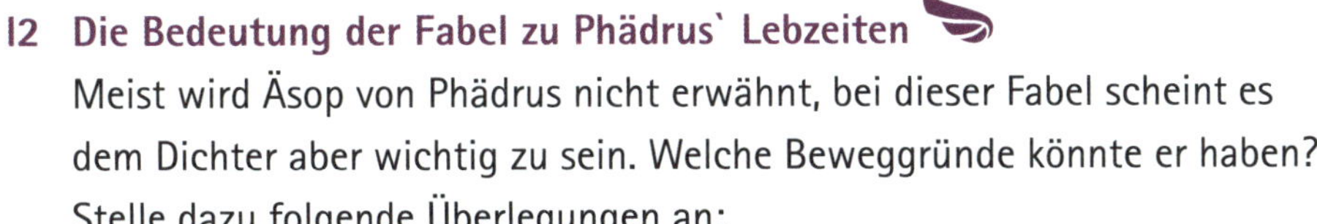

Meist wird Äsop von Phädrus nicht erwähnt, bei dieser Fabel scheint es dem Dichter aber wichtig zu sein. Welche Beweggründe könnte er haben? Stelle dazu folgende Überlegungen an:

a) Ordne die Handlungsträger der Fabel den Personen in der Einleitung zu. Was will der Dichter mit der Fabel ausdrücken?

Personen der Einleitung	Handlungsträger der Fabel

b) In der Forschung gilt es als sicher, dass Phädrus, der in Rom lebte, zeitgenössische Herrscher gemeint hat. Betrachte noch einmal I2 a) (→ S. 5). Wer könnte gemeint sein?

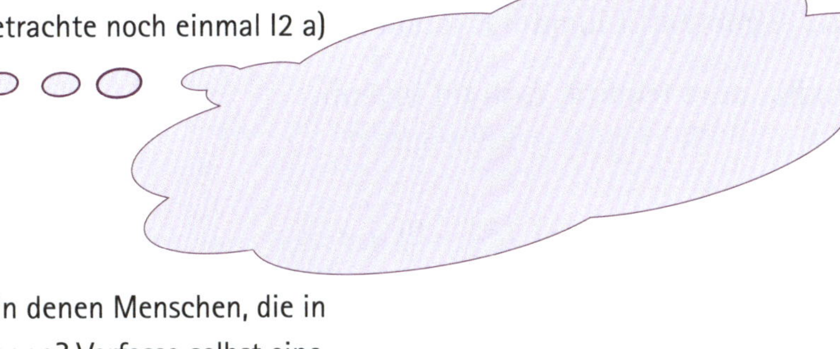

I3 tigillum und hydrus heute

Kannst du dir aktuelle Situationen vorstellen, in denen Menschen, die in einer Demokratie leben, nach einem rex verlangen? Verfasse selbst eine moderne Fabel zur Situation in dein Heft. Du kannst dasselbe Ende wählen, aber auch eine Fabel mit gegenteiligem Ende.

Dichtung ist Musik:

Dichtung ist Musik: Die Fabeln des Phädrus wurden in einer Art Sprechgesang – wie Hiphop oder Rap – laut vorgetragen. Dabei gibt es einen festen Rhythmus, das Versmaß. Meist ist es der **Iambische Senar**, dessen Rhythmus an die gesprochene Sprache angelehnt ist. Dabei hat jeder Vers sechs Versfüße (Takte). Statt Noten schreibt man Querstriche – (halbe Note) und ◡ (viertel Note).

Hier ein Beispiel für einen Takt im **Iambischen Senar**:

Iambus: ◡ –́ (kurz, lang) Betont ist jeweils die Länge

Dieser Takt wird pro Vers 6mal aneinandergereicht:

◡ –́ ◡ –́ ◡ || –́ ◡ | –́ ◡ –́ ◡́ –

Es gibt Pausen II nach dem 5. Halbfuß (Penthemimeres) oder dem 7. (Hephthemimeres). Wie in der Musik finden sich Variationen – –́, z.B. kann eine Kürze durch eine Länge ersetzt werden, eine Länge durch zwei Kürzen u.a.

Text 8 Milvus et columbae

T1 Mir geht anstelle des milvus 🕮 bzw. der Taube durch den Kopf:

Qui regnum adeptus coepit vesci singulas
et exercere imperium saevis unguibus.

Qui *gemeint ist* Milvus • adeptus Ü1 • vesci verspeisen, essen • unguis, is *m* Kralle •

Qui se committit homini tutandum improbo,
auxilia dum requirit, exitium invenit.

committit Ü1 tutandum zum Schutz • exitium Untergang •

Illae credentes tradunt sese milvo.

sese = se •

Tunc de reliquis una: „Merito plectimur."

merito zu Recht, verdientermaßen • plectimur Ü1 •

„Quare sollicitum potius aevum ducitis,
quam regem me creatis icto foedere,
qui vos ab omni tutas praestem iniuria?"

sollicitus unruhig, ängstlich • aevum Leben, Lebenszeit • creare wählen • foedus icere (icio, ici, ictum) ein Bündnis eingehen • praestem Ü1 •

Columbae saepe cum fugissent milvum
et celeritate pennae vitassent necem,
consilium raptor vertit ad fallaciam
et genus inerme tali decepit dolo:

penna Feder, Flügel • necem Ü2 • vitassent = vitavissent • raptor Ü2 • fallaciam Ü2 • inermis, e wehrlos, unbewaffnet • decepit Ü1

T2 a) Um ihren Jungen ein wohliges Nest zu erbauen, hat die Taube den lateinischen Text in mehrere Stücke zerhackt. Bringe die Abschnitte mithilfe deiner Kenntnisse zum Fabelaufbau in die richtige Reihenfolge, indem du die Verse nummerierst. (Tipp: Lies zunächst alles sorgfältig durch. Unterstreiche die Akteure sowie ihre Handlungen in verschiedenen Farben.)

b) Gib den Handlungsverlauf in eigenen Worten wieder.

Ü1 Wörterbuch-Profi

Schlage die Verbformen nach und fülle dann die Tabelle aus.

Ü2 Wortfamilien

Verbinde die genannten Verben deines Grundwortschatzes mit den entsprechenden Nomen aus dem lateinischen Text. Leite deren Bedeutung ab.

regnare ....

regere ....

imperare ....

rapere ....

fallere ....

necare ....

Bellum iustum

Bereits der römische Politiker und Schriftsteller Cicero (43 - 103 v. Chr.) sowie der römische Bischof und Schriftsteller Augustinus von Hippo (354 - 430 n. Chr.) setzten sich mit der Frage auseinander, wann ein Krieg als gerechtfertigt angesehen werden kann. Gemäß ihren Ausführungen handelt es sich u.a. dann um einen gerechten Krieg, wenn ...

- im Vorfeld Verhandlungen stattgefunden haben und dieser das äußerste Mittel darstellt.
- er angekündigt worden ist.
- erlittenes Unrecht wiedergutgemacht wird oder Verbündete verteidigt werden.
- er der Abwehr von Feinden dient.
- die Kriegsführung verhältnismäßig ausfällt.
- der Umgang mit den besiegten Feinden maßvoll ist.
- er Frieden zum Ziel hat.

I1 Zwei Tiere – ein Verhalten?

a) Untersuche die Redestrategie des milvus und vergleiche sie mit deiner Überlegung aus T1.

b) Überprüfe mithilfe des Infokastens zum bellum iustum, ob das Handeln des milvus die Kriterien eines gerechten Krieges erfüllt.

c) Wiederhole, wie sich der Wolf gegenüber dem Lamm verhalten hat (→ Text 1), und stelle das Verhalten von Wolf und milvus gegenüber. Ordne die beiden Tiere nach der Art und Weise ihres Auftretens/Verhaltens, indem du diese im Ranking der „Grausamkeit" einträgst. Begründe deine Entscheidung.

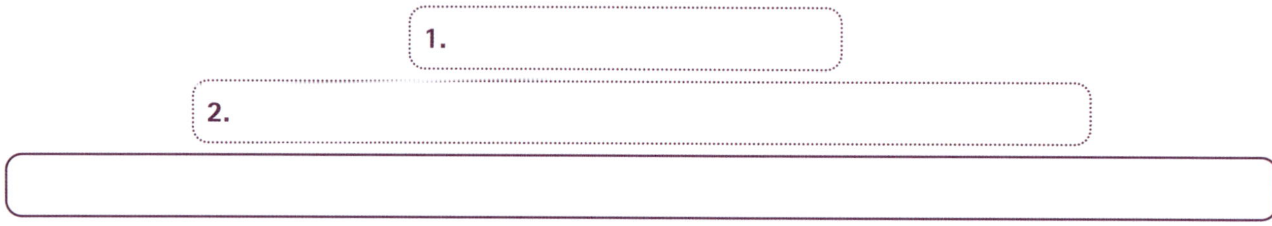

d) Überlege, weshalb Phädrus sein erstes Fabelbuch mit solchen Typen von Tieren beginnt bzw. enden lässt.

12 Perspektivwechsel

Untersuche das Verhalten der Tauben gegenüber dem milvus. Trifft sie eine Teilschuld an ihrem Schicksal?

13 Die Fabel im Film

Phädrus' Fabel „Milvus et columbae" soll als Animationsfilm umgesetzt werden. Als Fabel-Expert:in wurdest du in das Filmteam aufgenommen. Deine Aufgabe ist es nun, die Handlung der Fabel in einem Storyboard umzusetzen.

Phädrus Fabeln ... und die Folgen?

I1 Meinungsfreiheit – Der Dichter Phädrus vor Gericht

Nunc fabularum cur sit inventum genus,
brevi docebo. Servitus obnoxia,
quia quae volebat non audebat dicere,
affectus proprios in fabellas transtulit
calumniamque fictis elusit iocis.

(Phaedr. III 1, 33 - 37)

Warum hat man nun Fabeldichtung erfunden, ich will es kurz erklären. Weil der unterdrückte Sklavenstand nicht wagte auszusprechen, was er sagen wollte, setzte er die eigenen Gefühle um in Fabeln und entzog sich mit erdichteten Späßen falscher Anklage.

Kaiser Tiberius hat gehört, dass es einen Dichter geben soll, der auch immer wieder Moralvorstellungen, Charaktereigenschaften, politische Verhältnisse u. a. kritisiert. Dieser erklärt sein Anliegen in Buch III 1, 33 - 37 genau. Tiberius beauftragt seinen Berater, ein Gutachten über das Werk dieses Dichters - Phädrus soll sein Name sein - zu erstellen.
Muss Phädrus auch - wie Ovid - in die Verbannung geschickt werden?
Sichte dein gesamtes Material - auch die Sammelfolien - noch einmal und hilf dem Gutachter bei der Erstellung der Pro- und Contra-Auflistung.

I2 Risum movere

Am Anfang (→ S. 5) hast du erfahren, dass Phädrus mit seinen Fabeln auch unterhalten wollte. Sieh dir noch einmal deine Aufzeichnungen an. Welche Fabel erscheint dir unter der doppelten Absicht (Kritik und Unterhaltung) besonders gelungen? Begründe.

Meine Lieblingsfabel: ______________________________

I3 Fabelwerkstatt – Phädrus` Erben

In der Zeit der Aufklärung wurde das Schreiben von Fabeln als besonders schulend angesehen. Als Fabelexpert:in kannst du nun selbst dein Können unter Beweis stellen. Verfasse im Rahmen eines kursinternen Fabelwettbewerbs selbst eine Fabel. Wähle wie Phädrus die Gedichtform oder eine Prosaform.

a) Betrachte, bevor du beginnst, die bisher gelesenen Texte und die Sammelfolien.

b) Stelle daraus Kriterien für eine gelungene Fabel zusammen. Überprüfe und überarbeite ggf. deine Checkliste aus dem Einstiegskapitel auf Seite 5 (z.B. Anlass, Protagonisten, äußere Form ...).

Meine Fabel: